Friederike Wilhelmi

# Was ist wahr?!

# Müssen Fische trinken?

Illustrationen von Rolf Vogt

arsEdition

Bibliografische Information Der Deutschen Bibliothek

Die Deutsche Bibliothek verzeichnet diese Publikation in der Deutschen Nationalbibliografie; detaillierte bibliografische Daten sind im Internet über http://dnb.ddb.de abrufbar.

5 4 3 2 1     08 07 06 05


Umschlaggestaltung: Romy Gallina
Redaktion: Heike John
Produktion: Detlef Schuller, Katja Walter
ISBN 3-7607-4826-0

www.arsedition.de

# *Inhalt*

# *Wie entsteht das Morgen- und das Abendrot?*

**a)** Der Himmel erscheint morgens und abends in rotem Licht, weil die sehr schräg stehende Sonne die roten Berge des Horizonts beleuchtet und deren warme Farbe dann in den Himmel reflektiert wird.

**b)** Wenn am Morgen und am Abend die Sonne schräg am Himmel steht, hat das Sonnenlicht einen besonders weiten Weg zu uns. Nur das rote Licht schafft es bis zur Erde, während die anderen Farben auf der Strecke bleiben.

**c)** Morgens scheint die Sonne noch nicht so stark, weil sie noch kalt ist von der Nacht, und abends scheint sie nicht mehr so stark, weil sie bereits anfängt abzukühlen. Rot ist sozusagen das Sparlicht der Sonne.

**richtig ist Antwort b)**

Da sich die Erde dreht, scheint die Sonne im Laufe des Tages immer von einem anderen Fleck am Himmel auf uns herab. Mittags steht sie zum Beispiel direkt über uns. Dann ist es am wärmsten, denn wenn die Sonne senkrecht am Himmel steht, ist der Weg für die heißen Sonnenstrahlen am kürzesten. Morgens und abends dagegen steht sie ziemlich weit unten und der Weg für das Sonnenlicht ist lang.

Warum aber ist abends und morgens das Licht rot und nicht wie tagsüber blau? Ganz einfach: Das Blau wird am meisten »gestreut«, das bedeutet, dass es durch die vielen Teilchen, die in der Atmosphäre herumfliegen, abgelenkt und hin- und hergeschubst wird. Dadurch erscheint der Himmel tagsüber blau. Morgens und abends allerdings ist der Weg für das blaue Licht zu weit. Ihm geht durch das viele »Streuen« sozusagen die Puste aus. Rotes Licht dagegen wird am allerwenigsten abgelenkt. Daher bleibt morgens und abends am Ende des langen Weges von allen Farben noch am meisten vom Rot übrig. Wenn das rote Licht dann die Wolken am Himmel beleuchtet, kann eine herrlich romantische Stimmung entstehen!

# *Warum ist die Banane krumm?*

**a)** Weil niemand in den Urwald zog und sie wieder gerade bog.

**b)** Sobald die einzelnen Bananen den schattigen Blättern der Staude entwachsen sind, streben sie dem Licht entgegen und wachsen dadurch krumm.

**c)** Die Affen verbringen die meiste Zeit des Tages in den Bananenstauden und schwingen sich von Frucht zu Frucht. Dadurch verbiegen sie sich – nicht die Affen, die Bananen natürlich.

**richtig ist Antwort b)**

Die Banane hängt dicht gedrängt neben anderen Bananen an einem starken Strunk. Bis zu 200 Bananen kann ein einzelner Strunk tragen! Er ist also ziemlich schwer und hängt daher senkrecht nach unten an der Bananenstaude. Die einzelnen Bananen wachsen seitlich aus dem Strunk heraus. Da es die Banane nun aber zum Licht hinzieht, krümmt sie sich während des Wachsens nach oben – dorthin, wo das Tageslicht auf die Bananenplantagen fällt. Sie wächst also der Sonne entgegen und bekommt so ihre typisch krumme Form.

Übrigens: Das Wort Banane stammt aus dem Arabischen. »Banan« heißt auf Deutsch: Finger.

# *Warum muss man Zähne putzen?*

a) Du musst unbedingt regelmäßig die Essensreste, die sich zwischen deine Zähne geklemmt haben, entfernen. Lässt du sie drin, verschieben sie im Laufe der Zeit dein Gebiss und die Zähne werden locker.

b) Die Essensreste müssen raus, weil sich die Bakterien im Mund auf die Essensreste stürzen. Sobald sie sie fressen, scheiden die Bakterien eine Säure aus, die den Zahnschmelz angreift und Löcher hineinfrisst.

c) Mit den rauen Borsten der Zahnbürste wird die Oberfläche der Zähne regelmäßig angeschliffen, wie mit einem Schmirgelpapier. Die Zähne bleiben dadurch kräftig und rau, was vor allem beim Verzehr von zähem Fleisch von Vorteil ist.

**richtig ist Antwort b)**

Bakterien kannst du nicht sehen, obwohl sie fast überall vorhanden sind: in der Luft, im Wasser, im Essen, im Trinken und auch in deinem Mund. In einer Mundhöhle leben rund 50 Milliarden Bakterien, mehr als 300 verschiedene Arten. Unter diesen Bakterienarten befindet sich der so genannte »Streptococcus mutans«, der nachweislich Karies hervorruft.

Das Karies-Bakterium lebt im Zahnbelag, »Plaque« genannt, der auf den Zahnflächen haftet. Seine Hauptspeise sind die verschiedenen Zuckerarten (Haushalts-, Frucht- und Milchzucker), mit denen die Zähne in Kontakt kommen, sobald du etwas isst oder trinkst. Wenn das Bakterium den Zucker »geknabbert« hat, scheidet es Milchsäure aus, die den etwa zweieinhalb Millimeter dicken Zahnschmelz angreift. Dadurch löst sich der Zahnschmelz allmählich auf und es entsteht Karies.

Die ersten sichtbaren Anzeichen für Karies sind weiße Flecken im Zahnschmelz. Wird Karies in diesem Stadium vom Zahnarzt entdeckt, kann es noch gestoppt werden. Wenn Karies nicht entdeckt wird, kann »Streptococcus mutans« bis zum Zahnbein vordringen und schließlich den empfindlichen Nerv freilegen. Dann gibts heftige Zahnschmerzen. Der tagtägliche Kampf ums Zähneputzen hat also tatsächlich einen Sinn, leider ...

# Sind Blindschleichen blind?

a) Blöde Frage! Blindschleichen sind blind, sonst würden sie schließlich nicht so heißen!

b) Blindschleichen stoßen sich sehr häufig und so nahm man an, sie seien blind. Doch heute weiß man, dass das nicht der Fall ist. Sie stoßen an Wände, Äste, Stämme etc., um sich von Parasiten zu befreien.

c) Blindschleichen sind nicht blind. Sie heißen so, weil ihre Haut glänzt und sie schleichen. Daher hat man sie früher »blendender Schleicher« (althochdeutsch »plint-slicho«) genannt – und daraus wurde Blindschleiche.

**richtig ist Antwort c)**

Die Blindschleiche ist nicht blind. Der Name hat sich aus Versehen eingeschlichen. Und das kam so:

Die Blindschleiche hat eine glänzende, schimmernde Haut. Aus diesem Grund wurde sie früher »blendender Schleicher« genannt, auf Althochdeutsch »plintslicho«. Im Laufe der Zeit ist aus diesem »plintslicho« dann Blindschleiche geworden.

Blindschleichen sind übrigens keine Schlangen, sondern Eidechsen. Ihre Arme und Beine haben sich im Laufe der Jahrmillionen zurückgebildet, darum bewegen sie sich jetzt schlängelnd fort. An ihrem Skelett kannst du heute noch die Reste der Becken- und Schulterknochen erkennen.

# Warum brennen Brennnesseln?

a) Brennnesseln haben außergewöhnlich tiefe Wurzeln, die bis zum heißen Kern des Erdinneren reichen. Daher sind sie »brennend« heiß.

b) Die Brennnessel hat kleine hohle Härchen, die wie Spritzen funktionieren. Sobald du sie berührst, spritzen sie eine brennende Flüssigkeit in deine Haut.

c) Rehe fressen für ihr Leben gerne Ameisen, daher gleicht ihr Urin einer ätzenden Säure. Und Rehe pinkeln meist auf Brennnesseln – was auf deiner Haut brennt, ist also schlicht und ergreifend das Pipi der Rehe.

**richtig ist Antwort b)**

Die Blätter und Stängel der Brennnessel sind über und über mit kleinen, fast unsichtbaren Härchen bedeckt. Die haben es besonders in sich. Sie sind hohl und enthalten eine brennende Flüssigkeit. Sobald du die Brennhaare berührst, brechen ihre Spitzen ab, verletzen die Haut und die Flüssigkeit wird in die kleine Wunde in deinem Finger gespritzt. Das funktioniert wie die Spritze beim Arzt, nur viel schneller und unauffälliger, weil du es mit bloßen Augen nicht sehen kannst.

Diese brennende Flüssigkeit enthält übrigens unter anderem Ameisensäure – ein altes Hausmittel gegen Rheuma, das blutreinigend wirkt. Aus diesem Grund trinken viele Menschen häufig Brennnesseltee. Frische, junge Brennnesselblätter kannst du sogar als Salat essen, das ist sehr gesund und brennt gar nicht!

## *Warum sind die Dinosaurier ausgestorben?*

**a)** Es gibt noch keine klare Antwort auf diese Frage. Bisher gibt es drei Theorien: Es könnten entweder ein Meteorit gewesen sein, der auf der Erde einschlug, oder Vulkanausbrüche oder die Klimaveränderung zu dieser Zeit.

**b)** Kaum sind aus den Affen Menschen geworden, fing die Jagd auf die Dinosaurier an. Die Urmenschen waren so lange hinter den großen Tieren her, bis sie sie völlig ausgerottet haben.

**c)** Die Dinosaurier sind gar nicht ausgestorben. Sie wurden von einer römischen Armee um das Jahr 100 v.Chr. auf eine Insel im Pazifischen Ozean gebracht, da sie den Menschen zu gefährlich wurden. Die Lage der Insel ist unbekannt. Eine Karte mit den nötigen Koordinaten soll angeblich irgendwo im alten römischen Reich begraben liegen.

**richtig ist Antwort a)**

Warum die Dinosaurier vor 65 Millionen Jahren ausgestorben sind, ist bis heute noch nicht völlig klar.

Sicher ist nur, dass zu dieser Zeit ein 10 bis 15 Kilometer großer Himmelskörper (Meteorit) mit 15 Kilometern in der Sekunde auf die Erde prallte. Das geschah in der Nähe des heutigen Mexiko. Er riss einen 200 Kilometer großen und 10 Kilometer tiefen Krater in die Landschaft. Eventuell bedeutete diese Erschütterung das Ende der Dinosaurier.

Eine andere Theorie macht gewaltige Vulkanausbrüche in Indien für das Massensterben verantwortlich. Die Ausbrüche sollen fast 700 000 Jahre lang gedauert haben und setzten Unmengen von Lava, Vulkanasche und Giftgas frei.

Die dritte Theorie besagt, dass die schleichende Klimaveränderung den Tieren die Nahrungsgrundlage nahm.

Am wahrscheinlichsten aber ist es, dass eine Kombination aus allen drei Ereignissen für das Aussterben der Dinosaurier verantwortlich ist.

# *Wie viele Eier legt ein Huhn im Jahr?*

**a)** Es gibt wilde Hühner und gezüchtete, die nur zum Eierlegen in kleinen Käfigen leben. Die wilden Hühner legen etwa 280 Eier im Jahr, die gezüchteten dagegen nur 36.

**b)** Es ist genau umgekehrt: Es gibt wilde Hühner und gezüchtete, die nur zum Eierlegen in kleinen Käfigen leben. Die wilden Hühner legen ungefähr 36 Eier im Jahr, die gezüchteten dagegen bis zu 280.

**c)** Jedes Huhn – egal ob wild oder in einem Käfig lebend – legt täglich ein Ei (und sonntags auch mal zwei). Das macht im Jahr ungefähr 400 Eier.

**richtig ist Antwort b)**

Hätte die Henne freie Wahl, würde sie sich wahrscheinlich dreimal im Jahr ein Nest bauen, jedes Mal ungefähr 10 bis 12 Eier hineinlegen und sich dann draufsetzen, um sie auszubrüten. Auf diese Weise kämen im Jahr ungefähr 36 Eier zusammen.

Aber kaum eine Henne hat noch freie Wahl, denn immer mehr Menschen wollen Eier und Hühnerfleisch so billig wie möglich kaufen. Also werden die Hennen häufig in sehr engen Käfigen, in so genannten Legebatterien, gehalten. Hier legen sie viel mehr Eier als in der freien Natur.

Und das hat folgenden Grund: Die gerade erst gelegten Eier werden den Hennen sofort weggenommen. Das regt die Tiere an, immer weiterzulegen, schließlich wollen sie ein gefülltes Nest, bevor sie mit dem Brüten beginnen. Dieses Ziel erreichen sie aber bei der Art der Haltung nie. Auf diese Weise legen Hennen im Jahr bis zu 280 Eier.

Es gibt noch einen Grund für die hohe Anzahl der Eier: In den Legebatterie-Hallen gibt es keinen Winter. Das ist die Jahreszeit, in der wilde Hennen keine Eier legen, weil es weniger Nahrung gibt und viel zu kalt ist. In der Halle aber bleiben Temperatur, Licht und Nahrungsangebot das ganze Jahr über fast gleich. Daher legen die Batterie-Hennen auch im Winter Eier.

# *Wie fangen Eisbären Pinguine?*

a) Eisbären gehören zu den wenigen Raubtierarten, die im Team jagen, um sich anschließend die Beute zu teilen. So schließen sie zum Beispiel unbemerkt einen so engen Kreis um eine Pinguinherde, dass es für die kein Entkommen mehr gibt.

b) Pinguine haben sehr schlechte Augen und zusätzlich keinen besonders gut ausgeprägten Geruchssinn. So kommt es, dass es für den farblich gut getarnten Eisbären ein leichtes Spiel ist, sich langsam an den Pinguin heranzupirschen.

c) Eisbären fangen überhaupt nie Pinguine, weil Eisbären am Nordpol und Pinguine am Südpol leben.

**richtig ist Antwort c)**

Eisbären können keine Pinguine jagen, weil sie gar nicht wissen, dass es sie gibt, es sei denn sie sind Nachbarn in einem Zoo. Eisbären leben am Nordpol und Pinguine rund um den Südpol. Und das ist ein Glück für die Pinguine, denn sie haben wahrlich schon genug natürliche Feinde, die ihnen auflauern. Haie, Orcas und Seeleoparden schnappen sich gerne Pinguine in flachen Gewässern, und auf dem Land müssen sie sich und ihre Jungen vor Raubvögeln hüten.

Wegen ihrer etwas unbeholfenen Art, sich an Land fortzubewegen, hätten Pinguine übrigens keine Chance, einem hungrigen Eisbären zu entkommen. Der kann seine Beute nämlich mit bis zu 40 Kilometern in der Stunde über Hunderte von Kilometern verfolgen.

Und die Eisbären haben auch schon genug auf ihrem Speisezettel. Sie ernähren sich von Robben, Fischen und jungen Walrossen. Im Sommer, wenn das Eis schmilzt und sie auf das Festland ziehen, jagen sie dort kleine Säugetiere und Vögel oder fressen manchmal einfach nur ein wenig Gras, Moos und Beeren.

# *Warum spüren wir nicht, dass die Erde sich dreht?*

a) Weil sie sich nur nachts dreht, wenn wir schlafen.

b) Weil sich unser Körper der Geschwindigkeit der Erde anpasst und weil die Erde sich so geräuschlos und so gleichmäßig durch den Weltraum dreht und bewegt, dass wir gar nichts davon mitbekommen.

c) Die Drehung der Erde ist nichts gegen die Drehungen, die wir alle als Embryos im Mutterleib erlebt haben. Die waren nämlich so heftig, dass wir die Erddrehung gar nicht mehr wahrnehmen.

**richtig ist Antwort b)**

Jeden Tag machen wir auf der Erde eine riesige Karussellfahrt. Die Erde dreht sich einmal um ihre eigene Achse, dazu braucht sie genau einen Tag. Wir hier in Deutschland machen diese Drehung etwa in einer Geschwindigkeit von 1100 Kilometern in der Stunde. Außerdem umkreist die Erde auch noch die Sonne. Dazu braucht sie genau ein Jahr. Und das geschieht mit ungefähr 30 Kilometern in der Sekunde. Wir spüren nichts von diesen Bewegungen, obwohl die Geschwindigkeiten atemberaubend sind.

Der Grund ist ganz einfach: Wenn ein Körper immer die gleiche Geschwindigkeit hat, passt sich alles in diesem Körper der Geschwindigkeit an. Denk mal an ein Auto. Das Losfahren spürst du deutlich, denn es drückt dich nach hinten. Aber wenn du erst einmal auf der Autobahn immer in der gleichen Geschwindigkeit fährst, hast du das Gefühl, dass du genauso gut im Wohnzimmersessel sitzen könntest. Dein Körper hat sich der Geschwindigkeit des Autos angepasst. Sobald das Auto abbremst, drückt es dich nach vorne in den Gurt. Die Geschwindigkeit hat sich wieder geändert, diesmal in die andere Richtung, und dein Körper braucht einen Augenblick, um sich dem neuen Tempo anzupassen.

Die Erde bewegt sich auf ihrer Weltall-Autobahn ganz gleichmäßig, immer in der gleichen Geschwindigkeit, und unsere Körper bewegen sich mit, ohne dass wir es spüren. Hinzu kommt noch, dass die Erde sanft und geräuschlos durch den Weltraum schwebt und nicht über Steine oder Schlaglöcher brausen muss, wie manchmal das Auto.

# *Ist das Faultier wirklich faul?*

**a)** Ja, Faultiere sind sehr faul. Sie bewegen sich wenig und wenn überhaupt, dann nur im Zeitlupentempo – und das ist ihr Glück. Denn auf die Weise müssen sie weniger fressen und werden nicht so schnell von ihren natürlichen Feinden entdeckt.

**b)** Nein, Faultiere sind alles andere als faul. Ihren Namen haben sie der Tatsache zu verdanken, dass sie vor allem die faulen Blätter der Eukalyptusbäume fressen. Die schon halb zersetzten Blätter lassen sich schneller verdauen und das ist notwendig, da Faultiere Vielfresser sind.

**c)** Faultiere sind überhaupt nicht faul. Sie haben einen sehr ausgeprägten Geruchssinn und verfallen sofort in eine Starre, sobald sie Gefahr wittern. Also auch, wenn Menschen sich nähern. So kam es zu der Behauptung, dass Faultiere immer nur faul herumhängen.

**richtig ist Antwort a)**

Es stimmt: Faultiere sind faul. Sie bewegen sich äußerst wenig und wenn überhaupt, dann im Zeitlupentempo. Dennoch müsste das Faultier eigentlich Schlautier heißen. Denn die Langsamkeit und Trägheit haben ihre Gründe:

Einmal möchte das Tier möglichst wenig Energie verbrauchen, um entsprechend weniger fressen zu müssen. Denn da es nicht mit anderen Tieren in einen anstrengenden Nahrungswettbewerb treten möchte, ernährt sich das Faultier äußerst genügsam von Blättern. Die sind aber nicht besonders sättigend, also bewegt sich das Faultier langsam, damit die Blätter ausreichen.

Außerdem fällt das Faultier durch seine langsamen Bewegungen weniger auf. So ist es vor natürlichen Feinden geschützt.

Faultiere schlafen rund 14 Stunden am Tag. Nur ganz selten klettern sie auf den Boden. Dort bewegen sie sich wegen ihrer langen Krallen sehr ungeschickt und erreichen eine »Spitzengeschwindigkeit« von 0,146 Kilometern in der Stunde.

Übrigens: Da das Faultier immer mit dem Bauch nach oben im Baum hängt, trägt es seinen Scheitel nicht auf dem Rücken, wie die anderen Säugetiere, sondern auf dem Bauch. Auch hübsch!

# Müssen Fische trinken?

**a)** Fische müssen ständig trinken. Würde ihr Körper nämlich nicht genügend Wasserdichte haben, könnten sie gar nicht unter Wasser bleiben, sondern würden ständig an der Oberfläche treiben.

**b)** Salzwasserfische müssen sehr viel trinken und Süßwasserfische gar nicht. Das hat etwas damit zu tun, dass sich die Salzkonzentration des Fischkörpers dem des Wassers angleicht.

**c)** Natürlich müssen Fische nicht trinken, schließlich sind sie ständig von Wasser umgeben und nehmen genug Flüssigkeit über die Haut auf.

**richtig ist Antwort b)**

Salzwasserfische müssen sehr viel trinken, da sie sonst mitten im Wasser austrocknen würden. Der Grund hierfür ist das so genannte »osmotische Gesetz«. Vereinfacht ausgedrückt lautet es: Zwei räumlich getrennte und unterschiedliche Lösungen versuchen einander so lange auszugleichen, bis beide die gleiche Salzkonzentration haben.

Was hat das aber mit den Fischen zu tun? Ganz einfach: Die Körpersäfte der Fische enthalten sehr viel weniger Salz als das Meerwasser. Um einander auszugleichen, tritt also permanent Flüssigkeit über die Haut des Fisches ins Meer.

Diese verlorene Flüssigkeit müssen die Fische durch Trinken ersetzen. Die großen Salzmengen, die sie dabei zwangsläufig zu sich nehmen, werden über die Kiemen, spezielle Drüsen und über den Kot wieder ausgeschieden.

Bei den Süßwasserfischen ist es genau umgekehrt: Bei ihnen ist die Konzentration von Salz im Körperinneren größer als die im Wasser. Hier wirkt das Gesetz der Osmose so, dass ständig Wasser in die Fische eindringt. Sie haben also nicht die Sorge zu verdursten, sondern eher durch zu viel Wasser zu platzen. Also trinken Süßwasserfische nie, sondern verwenden ganz im Gegenteil viel Energie darauf, überflüssiges Wasser wieder auszuscheiden.

# *Warum glühen Glühwürmchen?*

a) Wenn die weiblichen Glühwürmchen zur Paarung bereit sind, schalten sie ihr Licht an, um die Männchen anzulocken.

b) Glühwürmchen sind nachtaktiv. Sie gehen also im Dunkeln auf Nahrungssuche. Um erfolgreicher jagen zu können, beleuchten sie ihr Revier.

c) Biologen haben auch nach jahrzehntelangen Forschungen keinen erklärbaren Grund für das abendliche Glühen der Glühwürmchen finden können. Daher wird vermutet, dass Glühwürmchen aus reiner Lebensfreude leuchten.

**richtig ist Antwort a)**

Mit ihrem Leuchtorgan lockt das Glühwürmchen-Weibchen einen Partner an. Sobald ein Männchen das Licht von einem Weibchen entdeckt, fliegt es zu ihm. Das Weibchen schaltet dann das Licht aus, denn die Paarung findet im Dunkeln statt.

Das gelbgrüne Licht können die Glühwürmchen selbständig herstellen. Dazu brauchen sie weder Steckdose noch Batterie. Das Leuchtorgan befindet sich an der Bauchseite des Hinterleibes. Wenn es leuchten soll, findet eine biochemische Reaktion in den Zellen des Organs statt. Diese Reaktion aktiviert das so genannte Luciferin. Wenn dieser Stoff mit Sauerstoff in Verbindung kommt, entsteht Licht. Das klingt kompliziert, ist aber für ein Glühwürmchen nicht schwieriger als für uns ein Augenaufschlag oder ein Lächeln.

Über 2000 Arten von Leuchtkäfern gibt es auf der ganzen Welt. In den Tropen leuchten manche sogar so hell, dass man bei ihrem Licht nachts lesen kann.

# Warum ist der Himmel blau?

a) Blau ist die Lieblingsfarbe vom lieben Gott. Daher sind der Himmel und das Meer blau.

b) Das Licht auf unserer Erde kommt von der Sonne. Die ist ja bekanntlich sehr heiß. Und Hitze strömt unterschiedliche Farben aus: warm ist rot, heiß ist gelb und sehr heiß ist blau.

c) Das Sonnenlicht wird gestreut, sobald es in die Erdatmosphäre eindringt. Da die blaue Farbe am meisten gestreut wird, ist sie am besten sichtbar.

**richtig ist Antwort c)**

Unsere Erde ist von einer Schutzhülle umgeben, die wir Atmosphäre nennen. Sie besteht aus vielen unsichtbaren Luftschichten und in ihr tummeln sich unzählige winzige Teilchen.

Das Sonnenlicht strahlt in allen Farben des Regenbogens, also in Violett, Blau, Grün, Gelb und Rot, durch diese Atmosphäre hindurch auf die Erdoberfläche.

Dabei verhalten sich die einzelnen Farben ganz unterschiedlich: Das rote und das gelbe Licht fließen ohne Umwege wellenförmig auf die Erde zu. Doch das blaue Licht lässt sich von den vielen kleinen Teilchen, die in der Atmosphäre herumschwirren, aufhalten und wild durch die Gegend schubsen. Es zerstreut sich in alle Richtungen. Stell dir einen Gummiball vor, der wild durch ein Zimmer wirbelt. Durch diese so genannte hohe Streuung der blauen Farbe erscheint uns der Himmel blau.

## *Was ist das größte Tier der Welt?*

**a)** Der Blauwal, dessen Herz allein schon bis zu 1000 Kilogramm schwer werden kann.

**b)** Der Yeti, ein Wesen aus den Bergen. Bisher hat ihn noch niemand gesehen, aber seine Fußspuren deuten darauf hin, dass er das größte Lebewesen der Welt ist.

**c)** Der afrikanische Elefantenbulle, der mit seiner unglaublichen Kraft in einem einzigen Ruck ein ganzes Einfamilienhaus in Bewegung setzen könnte.

**richtig ist Antwort a)**

Der Blauwal gilt als das größte Tier der Welt. Er übertrifft sogar die größten Dinosaurier.

Ein Blauwal wird bis zu 30 m lang und kann 160 Tonnen auf die Waage bringen. Das sind in etwa die Länge von drei Eisenbahnwaggons und das Gewicht von sechs LKWs. Allein die Zunge eines ausgewachsenen Blauwals wiegt schon so viel wie ein Auto!

So ein gigantischer Körper braucht natürlich riesige Mengen Nahrung. Bis zu 4 Tonnen Kleinkrebse frisst ein erwachsener Blauwal täglich!!!

So ein Tier kann übrigens bis zu 110 Jahre alt werden.

Blauwale sind vom Aussterben bedroht. Das kommt vor allem daher, dass erst 1966 internationale Schutzbestimmungen in Kraft traten. Vorher wurden sie gejagt und getötet. Bevor der Walfang überhaupt anfing, gab es nach Schätzungen über 200 000 Blauwale weltweit. Heute gibt es nur noch etwa 2300 und Experten befürchten, dass sich die Bestände nicht mehr erholen, die Blauwale also aussterben werden.

# Warum gibt es braune und weiße Hühnereier?

a) Die Farbe der Eierschale hängt von der Tageszeit des Legens ab. Das Ei passt seine Farbe den Lichtverhältnissen an. Legt das Huhn in der Nacht ein Ei, so ist es braun, wird es tagsüber gelegt, ist das Ei weiß.

b) Wenn ein Huhn viel draußen herumläuft, legt es braune Eier. Durch das ständige Picken frisst es viel Erde und die Erdfarbe wirkt sich auf die Farbe der Eierschale aus. Ist das Huhn ein so genanntes »Batterie-Huhn«, das nur im Käfig lebt, bleibt die Eierschale weiß.

c) Ob ein Huhn weiße oder braune Eier legt, hängt ausschließlich mit der Rasse des Huhns zusammen. Die Farbe der Eierschale liegt in den Genen, das heißt, sie wird vererbt, wie bei den Menschen die Hautfarbe.

**richtig ist Antwort c)**

Die Farbe der Eierschale hängt von der Rasse des Huhns ab.

Manche behaupten, dass die Farbe der Federn identisch sei mit der Eierfarbe. Das stimmt aber nicht. Es gibt braune Hühner, die weiße Eier legen, und weiße Hühner, die braune Eier legen.

Aber es gibt eine andere Faustregel: An den so genannten Ohrscheiben (Ohrläppchen) der Hühner kannst du erkennen, welche Farbe die Eier voraussichtlich haben werden. Hat ein Huhn rote Ohrscheiben, legt es braune Eier. Hühner mit weißen Ohrscheiben legen weiße Eier. Dies ist wie gesagt nur eine Faustregel, Ausnahmen bestätigen also die Regel.

Bei den Hühnern, die braune Eier legen, ist es die so genannte Pigmentfärbung, die sich außen auf der Kalkschale des Eies ablagert. Diese Färbung bildet sich aus dem roten Blutfarbstoff und dem Gallenfarbstoff, die der Organismus des Huhns ausscheidet.

Die Eierfarben reichen von strahlendem Weiß bis zu dunklem Braun. Es gibt sogar Hühnerrassen, zum Beispiel in Südamerika, deren Eier grünlich gefärbt sind.

Die Eierfarbe hat keinen Einfluss auf den Geschmack des Eies oder auf den Nährstoff- oder Vitamingehalt.

# Wie entstehen Wellen?

**a)** Wellen werden durch Wind erzeugt.

**b)** Der Meeresboden ist ständig in Bewegung, damit er trotz des hohen Wasserdrucks weich bleiben und dadurch Schutz für viele Fische bieten kann. Diese Bodenbewegungen sind Ursache der Wellen.

**c)** Im Meer herrscht großer Trubel. Jeder Fisch verursacht Wellen: je größer der Fisch, desto größer die Welle. Die vielen verschiedenen kleinen Wellenbewegungen vereinen sich auf dem offenen Meer zu größeren Wellen, die dann schließlich an den Küsten auslaufen.

**richtig ist Antwort a)**

Wellen entstehen durch Wind. Versuche es selber einmal: Wenn du in eine mit Wasser gefüllte Schüssel bläst, erzeugst du kleine Wellen. Die großen Meereswellen entstehen genauso. Natürlich bläst weder du noch ein Seefahrer oder Engel auf das Wasser, sondern der Wind. Er drückt auf die Wasseroberfläche und verursacht dadurch die Wellen. Je stärker der Wind bläst, desto größer werden die Wellen.

Wenn du an einem windstillen Tag am Strand hohe Wellen siehst, liegt das daran, dass weit draußen auf dem Meer durch einen Sturm Wellen entstanden sind, die auf die Küste zulaufen. Die Wellenbewegung kann sich mehrere hundert Kilometer im Wasser fortsetzen.

Eine so genannte Flutwelle ist übrigens etwas anderes. Sie wird durch plötzliche Wasserstands-Schwankungen, wie zum Beispiel ein Erdbeben, einen Vulkanausbruch am Meeresgrund oder einen Wirbelsturm, erzeugt. Flutwellen können enorm hoch werden (der Rekord liegt bei etwa 40 Metern) und verheerende Verwüstungen anrichten.

# *Gibt es Leben auf dem Mars?*

**a)** Ja, es gibt Leben auf dem Mars. 1987 hat der amerikanische Astronaut F. W. Sinclaire große, rechteckige Fußabdrücke auf der Marsoberfläche gefunden. Das dazugehörige Lebewesen fand man allerdings noch nicht.

**b)** Nein, Weltraumforscher haben den Mars bereits ausgiebig unter die Lupe genommen und konnten ein Leben auf dem Mars definitiv ausschließen.

**c)** Bis jetzt wurde noch kein Leben auf dem Mars gefunden, die Forscher schließen allerdings ein Leben nicht aus, da die Bedingungen auf dem Mars denen auf der Erde recht ähnlich sind.

**richtig ist Antwort c)**

Der Mars ist unserer Erde in manchen Dingen sehr ähnlich. Es gibt dort Vulkane, Schluchten und Sanddünen, auch Sommer und Winter. An einem Sommertag kann es auf dem Mars wohlige 25 Grad Celsius warm werden. In der Nacht und im Winter allerdings fällt das Thermometer auf frostige minus 130 Grad ab.
Es gibt auf dem Mars auch Wasser. Wasser ist eine der Grundlagen des Lebens. Eine zweite Grundlage ist eine Atmosphäre – die hat der Mars auch, allerdings ist sie viel dünner als die Erdatmosphäre und sie enthält kaum Sauerstoff.

Um herauszufinden, ob es auf dem Mars Leben gibt oder nicht, haben die Menschen schon viele Weltraumsonden dorthin geschickt. Es wurden unzählige Fotos geschossen und Gesteinsproben untersucht. Dennoch sind die Forscher sich noch nicht sicher. Denn obwohl es wenig Sauerstoff auf dem Mars gibt, könnten Kleinstlebewesen, so genannte Mikroorganismen, wie zum Beispiel Bakterien, unter den dort herrschenden Bedingungen existieren. Das weiß man schon lange von entsprechend lebensfeindlichen Klimaregionen auf der Erde. Die Frage nach Leben auf dem Mars ist also immer noch ungeklärt. Nur eines steht fest: Die kleinen, grünen Marsmännchen gibt es wohl nicht ...

# *Warum rauscht das Meer in der Muschel?*

**a)** Die Muschel schirmt dein Ohr vor allen Geräuschen um dich herum ab. Ihr hohler Resonanzkörper verstärkt die Geräusche, die aus deinem Inneren kommen. Das Rauschen, das du hörst, ist die Zirkulation deines Blutes.

**b)** In der Muschel leben unzählige kleine Mikroorganismen (Bakterien, Pilze ...). Die Trichterform der Muschel verstärkt die Geräusche der kleinen Lebewesen wie ein Megafon und dringt wie ein Rauschen an unser Ohr.

**c)** Muscheln haben durch ihre kalkhaltige Schale die Möglichkeit, Geräusche zu speichern. Da die meisten Muscheln jahrhundertelang auf dem Meeresgrund ruhten, bevor sie an Land gespült wurden, hören wir in ihnen tatsächlich das abgespeicherte Rauschen des Meeres.

**richtig ist Antwort a)**

Das Rauschen, das du in der Muschel hörst, entsteht durch die so genannte Eigenfrequenz der Muschel. Jeder Hohlkörper hat so eine Eigenfrequenz. Vielleicht hast du es selber schon einmal bemerkt. Wenn du in einem Raum singst, in dem ein Musikinstrument steht, zum Beispiel eine Gitarre, kannst du diesem Instrument bei einer ganz bestimmten Tonhöhe einen Ton entlocken, als würde es mitsingen. Dann hast du die Eigenfrequenz des Instruments erwischt. Mit deinem Gesang bringst du die Luft im Raum zum Schwingen (es entstehen so genannte Schallwellen) und die Luft bringt dann wiederum die Luft im Instrument zum Schwingen – allerdings nur, wenn du auch die bestimmte Tonhöhe (Eigenfrequenz) erreichst.

Und genau das passiert in der Muschel. Sämtliche Geräusche bzw. Schallwellen, besonders die, die das Pulsieren deines eigenen Blutes verursacht, bringen die Luft in der Muschel zum Schwingen. Das Resultat ist ein für uns wahrnehmbares Rauschen, das an Meeresbrausen erinnert.

# Warum sieht man manchmal auch am Tag den Mond?

a) Der Mond steht im Laufe eines Monats immer woanders am Himmel. Mal steht er nachts direkt über uns, mal am Tag. Allerdings sehen wir ihn dann nicht so deutlich, weil es so hell ist.

b) Manchmal steht der Mond einfach völlig verkehrt am Himmel, weil der Mann im Mond sehr, sehr alt ist und sein Wecker schon lange nicht mehr funktioniert.

c) Die Winde des Weltalls werfen den Mond gelegentlich aus seiner Umlaufbahn. Und dann braucht er einige Zeit, sich wieder zurechtzufinden.

**richtig ist Antwort a)**

Der Mond leuchtet nur, weil er von der Sonne angestrahlt wird. Eigenes Licht besitzt er nicht. Er steht immer an verschiedenen Stellen am Himmel und sieht auch immer anders aus: mal voll, mal nur halb und manchmal auch nur wie ein gebogener Strich. Das kommt daher, weil der Mond sich um die Erde dreht. Und wir sehen eben immer nur den Teil des Mondes, der von der Sonne angestrahlt wird. Steht der Mond gerade zwischen uns und der Sonne, sehen wir natürlich nichts von ihm, weil die von uns abgewandte Seite von der Sonne beschienen wird. Das nennen wir Neumond. Wandert er dann auf seiner Bahn immer weiter um uns herum, sehen wir langsam ein Stück mehr von ihm, denn die Seite, die von der Sonne angestrahlt wird, zeigt immer weiter in unsere Richtung. Am besten sehen wir den Mond, wenn er von der Sonne gesehen hinter die Erde gewandert ist. Dann ist die uns zugewandte Mondseite ganz von der Sonne beschienen. Das nennen wir Vollmond. Für eine Runde braucht der Mond 29 Tage.

Wir drehen uns ja auf der Erde auch täglich einmal um unsere Achse; daher gibt es Tag und Nacht. Und je nachdem, auf welchem Fleck der Mond sich gerade bei seiner Erdumdrehung befindet, sehen wir ihn tagsüber oder nachts. Die Hälfte des Monats verbringt er auf unserer Nachtseite und die andere Hälfte auf der Tagseite. Es ist also ganz normal, dass wir den Mond manchmal auch tagsüber sehen. Nur fällt er dann nicht so auf, weil er nicht so schön leuchtet.

# Warum sind Regenwolken dunkel?

a) Die Wassertropfen in einer Regenwolke liegen so dicht beieinander, dass kein Sonnenlicht mehr durch sie hindurch scheinen kann. Daher sehen die Wolken aus unserer Perspektive – also von unten – dunkel aus.

b) Die dunkle Farbe ist ein natürliches Warnsystem. Es gibt viele Tierarten, vor allem im Dschungel und in der Wüste, die derart empfindlich auf Nässe reagieren, dass sie ohne diese Vorwarnung längst ausgestorben wären.

c) Wolken werden zu Regenwolken, wenn Petrus, der Wettergott, es so bestimmt. Und keine Wolke möchte eine Regenwolke werden, denn die sind unbeliebt. Erwischt es eine, ärgert sie sich sofort schwarz über ihr Schicksal.

**richtig ist Antwort a)**

Alle Wolken am Himmel bestehen aus winzig kleinen Wassertröpfchen. Sie sind ja schließlich nichts anderes als das verdunstete Wasser aus den Meeren, Flüssen, Teichen, Bächen, Tümpeln und Seen.

Solange die Wolke warm ist, bleiben die Wassertröpfchen ganz fein und bewegen sich in der Wolke hin und her. Sobald die Wolke sich aber abkühlt, bewegen sich die Wassertröpfchen immer langsamer. Sie drängen sich zusammen und so werden aus kleinen Tröpfchen große Tropfen. Jetzt hat das Sonnenlicht keine Chance mehr, durch die Wolke hindurch zu scheinen. Also wird sie dunkel, manchmal sogar pechschwarz.

Irgendwann werden die Tropfen dann zu schwer und fallen in Form von Regen, Schnee oder Hagel auf die Erde zurück. Und das schon seit Millionen von Jahren!

Stell dir vor: Das Wasser, das auf euer Hausdach prasselt, hat vielleicht schon mal einem Dinosaurier den Durst gelöscht oder wurde bereits von einem Steinzeitmenschen zum Waschen benutzt. Wenn Wasser sprechen könnte, hätte es bestimmt viel zu erzählen!

# *Wie kommt der Schimmel aufs Brot?*

a) Der Schimmelpilz setzt sich vor allem auf altes Brot, weil das an Pferde verfüttert wird. Pferde – allen voran die weißen Schimmel – benötigen nämlich den besonderen Stoff des Schimmelpilzes zum Imprägnieren ihres Fells. Daher übrigens auch die Namensgleichheit.

b) Schimmel bildet sich, sobald das Brot anfängt auszutrocknen. Da Schimmel feucht ist, versucht er den sinkenden Feuchtigkeitsgehalt auszugleichen.

c) Die Sporen des Schimmelpilzes schwirren durch die Luft und lassen sich gerne auf feuchtem und nahrhaftem Brot nieder. Dort vermehren sie sich und verwandeln sich in einen grünen Schimmelteppich.

**richtig ist Antwort c)**

Schimmel ist ein Pilz – und davon gibt es jede Menge. Auch der leckere Champignon gehört zum Beispiel zur Gruppe der Pilze. Der Schimmelpilz ist allerdings giftig und daher sollten schimmelige Nahrungsmittel sofort weggeworfen werden.

Die winzigen Sporen (Fortpflanzungszellen) des Schimmelpilzes schwirren unsichtbar durch die Luft. Wenn sie etwas Leckeres finden, lassen sie sich dort nieder und wachsen zum »Pilzkörper« heran. Am liebsten haben sie faulende, feuchte pflanzliche oder tierische Stoffe. Auch im Brot fühlen sie sich wohl, denn es ist nahrhaft und hat viele kleine Löcher, in denen sich die Schimmelsporen gemütlich einnisten und vermehren können. Es dauert nicht lange, da haben sich die kleinen Sporen in einen grünen, blauen oder weißen, sichtbaren »Pelz« verwandelt.

Dann solltest du allerdings das ganze Brot wegschmeißen oder zumindest den schimmeligen Teil sehr großzügig abschneiden, denn sobald der Schimmel sichtbar wird, musst du davon ausgehen, dass sich die kleinen, unsichtbaren Sporen bereits in weiteren Teilen des Brotes verteilt haben.

# *Kündigen Schwalben mit ihrem Tiefflug Regen an?*

**a)** Ja. Die Schwalben haben ein eigenes Organ für das Erkennen von Wetterveränderungen. Die so genannte »Wetterdrüse« drückt sie bei nahendem Regen nach unten, damit das äußerst nässeempfindliche Gefieder geschützt wird.

**b)** Ja. Mit dem Regen kommt ein so genanntes Tiefdruckgebiet. Bei niedrigem Luftdruck fliegen die Insekten tief – und die Schwalben fliegen ihnen hinterher, um sie zu fressen.

**c)** Nein, die Flughöhe der Schwalben hat gar nichts mit dem Wetter zu tun. Das hat sich ein Heilkünstler im Mittelalter ausgedacht, um Eindruck zu schinden.

## richtig ist Antwort b)

»Wenn die Schwalben niedrig fliegen, werden wir bald Regen kriegen.« So lautet eine alte, zuverlässige Bauernweisheit. Als es noch kein Fernsehen mit Wettervorhersagen gab, waren derartige Regeln sehr wichtig – vor allem für die Bauern. Oft konnten sie so ihre Ernte oder ihr Vieh noch vor dem nahenden Unwetter rechtzeitig ins Trockene bringen.

Doch warum kündigen die Schwalben mit ihrem Tiefflug den Regen an? Ganz einfach: weil sie Hunger haben! Ihre Beute, winzig kleine Insekten, fliegen mal oben und mal unten, je nach Wetterlage. Das hat einen Grund: Bei anhaltend sonnigem Wetter herrscht ein so genanntes Hochdruckgebiet. Anders gesagt: Bei schönem Wetter wird die Luft hoch gedrückt. Die kleinen Insekten sind sehr leicht und lassen sich mit der warmen Luft nach oben treiben. Und die hungrigen Schwalben folgen ihnen in die Höhe.

Wenn die Schwalben oben bei ihren Leckerbissen herumschwirren, heißt das, dass das Wetter noch eine Weile schön bleiben wird. Sobald das Hoch abzieht und das so genannte Tief naht, kühlt sich die Luft ab und sinkt wieder nach unten – und mit ihr die kleinen Insekten. Dann fliegen die Schwalben auch niedrig und werden so zu Vorboten des kommenden Regens. Die Vorhersage gilt zwar nur für einen kurzen Zeitraum, aber sie ist sehr zuverlässig.

Es sind also eigentlich die kleinen Insekten, die zuerst auf das Wetter reagieren. Die Schwalben, die wir besser sehen, folgen lediglich ihrem Futter.

# Wie kommt das Salz ins Meer?

**a)** Die flüssige Ausscheidung aller Fische – also ihr Pipi – ist äußerst salzhaltig und versalzt daher seit Jahrtausenden alle Weltmeere.

**b)** Vor ungefähr 250 000 Jahren fiel ein riesiger Komet mit einer äußerst hohen Salzdichte in den Pazifischen Ozean. Noch heute wäscht das Wasser das Salz von ihm ab. Und da alle Meere miteinander verbunden sind, hat sich im Laufe der Jahrhunderte das Salz überall verteilt.

**c)** Unsere Erde ist sehr salzhaltig. Die fließenden Gewässer, also die Flüsse und Bäche, waschen das Salz aus dem Boden heraus und transportieren es in die Meere.

**richtig ist Antwort c)**

Es sind schon Menschen auf dem Meer verdurstet, obwohl sie von Wasser umgeben waren. Der Grund: Meerwasser darfst du aufgrund des hohen Salzgehalts nicht trinken. Das Salz im Meerwasser zieht nämlich das Wasser aus deinem Körper. Kaum vorstellbar und doch wahr: Wenn du bei Durst nur Salzwasser trinkst, vertrocknest du und stirbst schnell und qualvoll.

Wie aber kam nun das Salz ins Meer?

Unsere Erde besteht aus Gestein und Mineralien – und die enthalten Salz. Wenn Flüsse und Bäche nun über die Felsen und Steine fließen, löst das Wasser das Salz und nimmt es mit. Weil alle Flüsse und Bäche irgendwann einmal im Meer münden, landet auch das Salz schließlich dort.

Nun verdunstet das Wasser in der Sonne und verwandelt sich in Wolken. Das Salz verdunstet nicht mit, es bleibt unten im Meer. Die Wolken regnen irgendwo ab und werden wieder zu Flüssen und Bächen. Die lösen wieder Salz aus den Steinen, das wieder im Meer landet und so weiter ...

Der Salzgehalt in fließendem Gewässer und auch in Seen mit einem Zu- und einem Abfluss ist so gering, dass es als Süßwasser bezeichnet wird.

# *Warum leuchten die Sterne?*

**a)** Sterne leuchten, weil sie – wie der Mond – von dem Licht der Sonne angestrahlt werden.

**b)** Die Sterne am Himmel speichern – wie die Klebesterne im Kinderzimmer – das Tageslicht und verstrahlen es in die Nacht.

**c)** Die Sterne sind so heiß, dass sie wie glühende Feuerbälle sind, und diese Glut ist für uns sichtbar.

**richtig ist Antwort c)**

Die kleinen, winzigen Lichtpunkte am Himmel sind in Wirklichkeit riesengroße, glühende Feuerbälle, wie unsere Sonne. Viele von ihnen erreichen eine Temperatur von über 10 000 Grad Celsius. So kommt es, dass wir von der Erde aus die Sterne als funkelnde Goldpunkte am Himmel sehen.

Die meisten Sterne sind mehrere Lichtjahre von uns entfernt. Das bedeutet, dass das Licht, das der Stern ausstrahlt, mehrere Jahre braucht, um von uns auf der Erde gesehen zu werden. Siehst du also einen Stern, kann es sein, dass er längst verglüht ist, es ihn also gar nicht mehr gibt.

Licht hat übrigens eine atemberaubend hohe Geschwindigkeit. In nur einer Sekunde bewegt es sich etwa 300 000 Kilometer vorwärts. Hochgerechnet bedeutet das, dass sich Licht in einem Jahr fast 10 Billionen Kilometer fortbewegen kann!!!

Ist also ein Stern 10 Lichtjahre von uns entfernt, heißt das, dass er etwa 100 Billionen Kilometer weit weg ist.

# *Ist der Stille Ozean wirklich still?*

a) Nein, er wurde nur so genannt, weil der erste Weltumsegler ihn so ruhig und still erlebt hat.

b) Ja, denn der Stille Ozean unterscheidet sich vor allem durch seine vielen Inseln von den anderen Ozeanen. Diese Inseln haben sehr hohe Berge. Die wiederum bremsen den Wind und das ist der Grund für die Windstille und den ruhigen Wellengang des Stillen Ozeans.

c) Nein, der Stille Ozean hört sich an der Oberfläche genauso rauschend an wie die anderen Meere, vor allem bei Sturm. Er trägt seinen Namen, weil in diesem Meer die wenigsten Fischsorten leben und die Unterwasserwelt sich daher wesentlich ruhiger gestaltet als in allen anderen Weltmeeren.

**richtig ist Antwort a)**

Ein portugiesischer Seefahrer namens Ferdinand Magellan segelte von 1519 bis 1521 um die Welt. Dabei entdeckte er eine enge Verbindung zwischen dem Atlantischen und dem Pazifischen Ozean. Diese Verbindung trägt daher auch seinen Namen: Magellan-Straße.

Auf dem Pazifischen Ozean segelte er dann weiter Richtung Westen und stieß auf die Philippinen. Er war der Erste, der diesen großen Ozean überquerte, und er war es auch, der ihm seinen Namen gab. »Pax« ist Lateinisch und heißt auf Deutsch »Frieden«. Magellan wählte diesen Namen, weil das Meer zum Zeitpunkt seiner Überfahrt ausgesprochen friedlich und still war.

Aus »Pax« wurde der »Pazifische Ozean« und auf Deutsch: der Stille Ozean.

Es war allerdings ein großer Zufall, dass Magellans Überfahrt in dieser Phase so ruhig verlief, denn normalerweise gibt es auf dem Pazifischen Ozean genauso viel Stürme und unruhigen Seegang wie auf allen anderen Weltmeeren auch.

Der Pazifische Ozean (Pazifik, Großer Ozean, Stiller Ozean) ist übrigens der größte Ozean der Erde. Mit 181,34 Millionen Quadratkilometern bedeckt er über 30% der Erdoberfläche.

# *Wie stinken Stinktiere?*

**a)** Stinktiere haben ein außergewöhnlich langsames Verdauungssystem. Ihr Fressen bleibt oft tagelang im oberen Verdauungstrakt. Diese halbverdaute Masse dient ihnen als Verteidigung, indem sie es einem Angreifer mitten ins Gesicht speien. Der ist ob des Gestanks sofort erledigt.

**b)** Stinktiere haben eine spezielle Stinkdrüse, aus der sie zur Verteidigung ein übel riechendes Sekret schießen können.

**c)** Stinktiere stinken gar nicht. Sie tragen diesen Namen, weil ihr amerikanischer Entdecker Francis Stink hieß.

**richtig ist Antwort b)**

Stinktiere haben sehr wenige natürliche Feinde: Menschen, die hinter ihrem Fell her sind, und einige Greifvögel, vor allem Eulen, die nicht gut riechen können. Stinktiere haben nämlich eine außergewöhnliche und sehr erfolgreiche Verteidigungsmethode: Sie stinken und das nicht schlecht! Kommt ihnen jemand zu nahe, drohen sie dem Gegner erst, indem sie ihm die Hinterseite zeigen und ihren Schwanz aufrichten. Hat er das nicht kapiert, drehen sie dem Gegner den Kopf zu und fletschen die Zähne. Erst wenn das auch nichts nützt, spritzen sie einen Strahl ihres Stink-Sekrets in hohem Bogen treffsicher auf den Angreifer. Bleibt das immer noch ohne Wirkung, folgen sofort weitere Schüsse.

Das Sekret stinkt so furchtbar, dass manche Opfer tagelang mit Übelkeit zu kämpfen haben. Kommt es auf Wunden oder Schleimhäute, wie Nase oder Augen, kann es heftige Schmerzen verursachen. Eine wahrlich bemerkenswerte Waffe!

## *Haben Tausendfüßer 1000 Füße?*

**a)** Klar, sonst würden sie doch nicht so heißen.

**b)** Nein, die Anzahl der Füße ist unterschiedlich, sie liegt ungefähr zwischen 1500 und 2000. Man hat sich der Einfachheit halber auf den Namen Tausendfüßer geeinigt. Tausendsiebenhundertdreiundsechzigfüßer zum Beispiel hört sich dann doch etwas kompliziert an.

**c)** Nein, den Namen tragen die Tausendfüßer, weil bei manchen Arten die Anzahl der Beine sehr hoch ist. Die Zahl 1000 erreicht jedoch kein Tier.

**richtig ist Antwort c)**

Der Name »Tausendfüßer« für diese kleinen Gliedertierchen ist leicht übertrieben! Natürlich haben viele Forscher bereits von unzähligen Tausendfüßern die Beinchen gezählt, aber sie sind nie auf mehr als 680 Beine gekommen. Manche Arten haben sogar nicht mehr als 16 und trotzdem tragen sie den gleichen Namen.

Tausendfüßer bestehen, ähnlich wie Regenwürmer, aus vielen gleichartigen, ringförmigen Gliedern. Anders als bei Regenwürmern wachsen bei ihnen allerdings aus jedem dieser Glieder zwei oder vier Beinchen heraus.

Bisher sind über 8000 verschiedene Tausendfüßer-Arten bekannt. Die Forscher gehen davon aus, dass es noch viel mehr Arten gibt, denn immer wieder werden neue, noch unbekannte und nicht erforschte Tausendfüßer gefunden. Wer weiß, vielleicht wird ja doch noch eine Art entdeckt, die ihrem Namen Ehre macht.

## *Ist das Tote Meer wirklich tot?*

a) Nein, wie kann ein Meer tot sein? Das Tote Meer heißt nur so, weil während einer lang anhaltenden Hitzeperiode im Jahre 1050 v. Chr. Hunderte von durstigen Menschen und Tieren aus Verzweiflung das salzige Meerwasser tranken und daran starben. Denn Salzwasser macht bekanntlich noch durstiger und kann daher tödlich sein.

b) Ja, das Tote Meer wird als tot bezeichnet, weil durch den hohen Salzgehalt weder Pflanzen noch Tiere darin leben können.

c) Nein, der Begriff ist eine Überlieferung aus dem Arabischen und falsch übersetzt worden. Ursprünglich hieß es »Dodida Aqua«. Die richtige Übersetzung lautet: »dickes Wasser«, was auf den hohen Salzgehalt des toten Meeres anspielt.

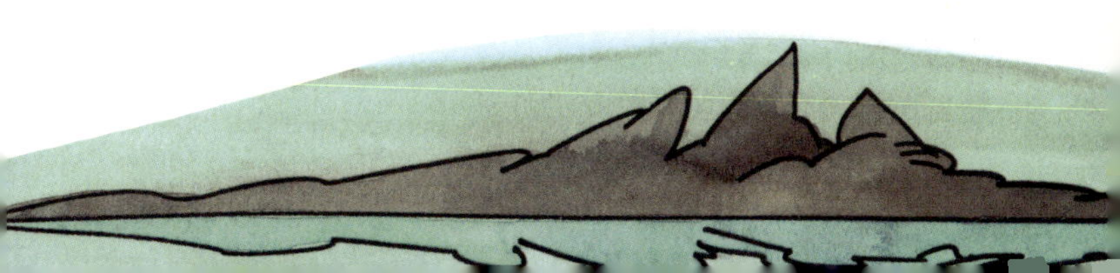

**richtig ist Antwort b)**

Das Tote Meer liegt an der Grenze zwischen Israel und Jordanien. Im Vergleich zu anderen Meeren ist das Tote Meer wirklich ziemlich tot. Das Wasser ist nämlich so salzhaltig, dass keine Lebewesen darin leben können. Lediglich ein paar anspruchslose Bakterien tummeln sich noch im salzigen Wasser.

Und was ist der Grund für den hohen Salzgehalt? Ganz einfach: Das Tote Meer ist eigentlich gar kein Meer, sondern ein riesiger See. Er hat einen Zufluss (den Jordan), aber keinen Abfluss. Also fließt salzhaltiges Wasser hinein, aber nichts mehr hinaus. Und weil es in der Wüste sehr heiß ist, verdunstet das Wasser besonders stark. Nur das Wasser, nicht das Salz, das bleibt im Meer. Dadurch steigt der Salzgehalt im Toten Meer immer weiter an. Er ist zum Beispiel sechsmal so hoch wie in der Nordsee.

Übrigens: Da Salzwasser sehr gut trägt, kannst du dich im Toten Meer auf das Wasser legen, ohne unterzugehen.

# Gibt es Wetterfrösche im Glas?

a) Nein, das ist Quak! Frösche können in einem Glas das Wetter nicht vorhersagen.

b) Ja, bevor es Messinstrumente für die Wettervorhersage gab, hatten viele Haushalte ihren Wetterfrosch vor einem Fenster stehen. Anhand der Standhöhe des Frosches konnte man zuverlässig das Wetter vorhersagen.

c) Ja, es ist heute noch so, dass Meteorologen (Menschen, die das Wetter vorhersagen) zu Hause mehrere Wetterfrösche besitzen, weil sie zuverlässiger sind als alle Messgeräte.

**richtig ist Antwort a)**

Ein Wetterfrosch ist ein Frosch, der angeblich Wetter vorhersagt, indem er in einem Glas eine Leiter hinaufklettert oder eben nicht. Ein Spruch dazu lautet: »Klettert die Leiter er hinauf, reißt die Wolkendecke auf.« Und ist das nun wahr?

Nein – und doch ein wenig: Der Frosch klettert tatsächlich bei schönem Wetter nach oben, allerdings nur, wenn er in Freiheit lebt. Die Frösche fressen nämlich am liebsten Insekten. Und die setzen sich bei Sonnenschein gerne auf die oberen Blätter der Sträucher. Unten im Gebüsch ist für den Frosch also bei Sonnenschein nicht viel zu holen. Wenn er Hunger hat, muss er sich schon nach oben bemühen. Bei feuchtem Wetter kann der Frosch unten bleiben, weil die Insekten dann auch nicht hoch hinausfliegen.

Eine richtige Wettervorhersage ist das aber nicht. Denn ein Frosch kann nicht das Wetter der nächsten Tage vorhersagen – schon gar nicht, wenn er in einem Glas lebt. Denn dort bekommt er die Feuchtigkeitsschwankungen überhaupt nicht mit. Sitzt der Frosch in seinem Glas oben auf der Leiter, sieht das vielleicht nach schönem Wetter aus, es handelt sich aber nur um einen hungrigen Frosch, der gerne raus möchte.

So kann man also davon ausgehen, dass es sich auch bei folgendem Satz nicht um eine zuverlässige Wetterregel handelt: »Lässt der Frosch im Glas 'nen Furz, gibt es einen Wettersturz.«

# Wo kommt eigentlich der Wind her?

a) Wind entsteht durch unterschiedliche Sternenkonstellationen. Es gibt Sterne mit sehr intensiver atmosphärischer Strahlung. Je näher sie unserem Planeten stehen, umso stärker bringen ihre Strahlungen unsere Luft in Schwingung.

b) Wind hat etwas mit unseren beiden Polen zu tun. Sie ändern manchmal ihre magnetischen Kräfte und bringen dadurch die gesamte Erdatmosphäre durcheinander. Dadurch entsteht Wind.

c) Durch Sonne erwärmte Luft steigt nach oben und kalte Luft strömt in den frei gewordenen Platz. Dadurch entsteht Bewegung in der Luft – das ist Wind.

**richtig ist Antwort c)**

Warme Luft steigt nach oben, weil sie leichter ist. Heißluftballons können zum Beispiel nur aus diesem Grund fliegen. Die Luft im Ballon wird erwärmt und schon gehts nach oben. So funktioniert auch eine Weihnachtspyramide. Die erhitzte Kerzenluft steigt so schnell nach oben, dass sie sogar die Flügel anstoßen und in Bewegung setzen kann.

Wenn Luft durch Sonne erwärmt wird, steigt sie genauso nach oben. Dort, wo sie vorher war, ist nun ein Loch, das sofort von kalter Luft geschlossen wird. Und so geht das eine Weile: Heiße Luft steigt hoch und kalte strömt nach. Die Luft um uns herum gerät also in Bewegung. Sehen können wir diese Bewegung nicht, aber spüren, denn sie ist nichts anderes als Wind.